AF358927

CATALOGUE

DE

LIVRES ORIENTAUX

ORDRE DES VACATIONS

Vendredi, 16 avril....................... 1 à 175
Samedi, 17 avril....................... 176 à 376

CONDITIONS DE LA VENTE

La vente se fait expressément au comptant.

Les acquéreurs payeront 5 o/o en sus des enchères, applicables aux frais.

Les articles au-dessous de *douze francs* ne seront repris que s'ils sont incomplets.

Les réclamations devront être faites au plus tard dans les vingt-quatre heures après la dernière vacation. Passé ce délai, ou une fois sortis de la salle de vente, les livres ne seront repris pour aucune cause.

Il y aura exposition, chaque jour de vente, de **2** à **4** heures.

*M. Ernest Leroux remplira les commissions des personnes
qui ne pourraient y assister.*

Saint-Quentin. — Imp. J. Moureau.

CATALOGUE

DE

LIVRES ORIENTAUX

PROVENANT EN GRANDE PARTIE

DE LA BIBLIOTHÈQUE DE FEU M. A. P. PIHAN

Prote en retraite de la typographie orientale de l'Imprimerie nationale,
Chevalier de la Légion d'honneur.

LIVRES ARABES, TURCS ET PERSANS
LANGUES DE L'INDE
OUVRAGES IMPRIMÉS EN CHINE ET AU JAPON

LA VENTE AURA LIEU

Les Vendredi 16 et Samedi 17 Avril

A SEPT HEURES ET DEMIE DU SOIR

Rue des Bons-Enfants, 28 (maison Silvestre), salle n° 1, au premier étage.

Me LÉON TUAL	M. ERNEST LEROUX
commissaire-priseur	libraire-expert
39, RUE DE LA VICTOIRE, 39	28, RUE BONAPARTE, 28

PARIS

ERNEST LEROUX, ÉDITEUR

LIBRAIRE DE LA SOCIÉTÉ ASIATIQUE,
DE L'ÉCOLE DES LANGUES ORIENTALES VIVANTES, ETC.
28, RUE BONAPARTE, 28

1880

CATALOGUE

LIVRES ORIENTAUX

RELIGIONS

1. Soltau (H. W.). The holy vessels and furniture of the tabernacle of Israel. *London*. In-8, oblong, nombr. pl. en or et coul., perc.

2. Psalterium romanum dispositum per hebdomadam, una cum hymnario. *Venetiis*, apud Juntas, 1588. In-8, gothique, grav. sur bois, relié.

3. Epistole, lettioni et evangelii che si leggono tutto l'anno alla Messa, latine et volgari. *Venetia*, 1584. In-8, veau, grav. sur bois.

4. Meyer (H. A. W.). — Kommentar über das neue Testament. Livraisons I à VI. *Gœttingen*, 1869. 3 vol. in-8, br.

5. Reithmayr (Fr. X.). Einleitung in die canonischen Bücher des neuen Bundes. *Regensburg*, 1852. In-8, demi-veau.

6. La Sacra scrittura illustrata con monumenti fenico-assirj ed egiziani, da Michelangelo Lanci. *Roma*, 1827. In-4, pl. gr., demi-mar. rouge.

7. Divi Basilii magni opera græca quæ ad nos extant omnia. *Basileæ*, 1551. In-fol., cart.

8. Histoire générale de la naissance et des progrès de la Compagnie de Jésus et analyse de ses constitutions et privilèges. *S. l.*, 1761. 4 vol. in-12, v.

9. Jésuites. — Idée générale des vices principaux de l'Institut des Jésuites, tirés de leurs constitutions. *En France*, 1761. In-4, veau. — Die Jesuiten und der Jesuitismus, von S. Jordan. *Altona*, 1839. In-8, cart. Ens. 2 vol.

10. Ludovici Montaltii Litteræ provinciales de morali et politica Jesuitarum disciplina ex gallico a Wendrock translatæ. *Cologne*, 1679. In-8, veau.

11. Filomnesto il Giovane. De tribus impostoribus (MDLIC). *Milano*, 1864. In-12, br.

12. Recherches sur l'origine du despotisme oriental et des superstitions. Ouvrage posthume de Mr. B. I. D. P. E. C. *S. l.*, 1762. In-12, v., fil.

SCIENCES

13. Hachette. Traité élémentaire des machines. *Paris.* In-4, d. v., planches.

14. Lagrange. Théorie des fonctions analytiques, contenant les principes du calcul différentiel. *Paris*, an V. In-4, d. v.

15. Le droit de la nature et des gens de Pufendorf. — Le droit de la guerre et de la paix, de H. Grotius. Traduit par J. Barbeyrac. *Leyde*, 1759. Ensemb. 4 vol. in-4, veau écaille, tr. dorées.

16. Den Ficoroniske Cista beskreven af P. O. Brondsted. *Copenhague*, 1847. In-folio, broché, 7 planches.

17. Wailly (Natalis de). Eléments de paléographie. *Paris, imp. royale*, 1838. 2 vol. gr. in-4, cartonnés. Nombreux fac-simile de chartes et de sceaux.

18. Chartes latines sur papyrus du vi^e siècle de l'ère chrétienne, publiées par Champollion-Figeac. *Paris*, 1837-1841. Fasc. 2 à 5, en 3 vol. in-folio brochés.

LITTÉRATURE

AUTEURS GRECS ET LATINS.

19. ARISTOPHANE. Texte grec et traduction latine en regard. *Paris, Didot*, 1846. In-8, demi-bas. rouge.

20. La Poétique d'Aristote, traduite en français avec des remarques. *Paris,* 1692. In-4, v. v.

21. Eschyle et Sophocle, texte grec et traduction latine en regard. *Paris, Didot*, 1846. In-8, demi-bas. rouge.

22. Euripide, texte grec et traduction latine en regard. *Paris, Didot*, 1844. In-8, demi-basane rouge.

23. Homère. Texte grec et traduction latine en regard. *Paris, Didot*, 1838. In-8, demi-veau.

24. Sophoclis quæ exstant omnia cum veterum grammaticorum scholiis. Versione latina et notis illustravit R. F. P. Brunck. *Argentorati*, 1786. 2 vol. in-4, demi-veau.

25. Strabonis rerum geographicarum libri XVII. Texte grec avec traduction latine, publié par J. P. Siebenkees. *Lipsiæ*, 1796 à 1818. 7 vol. in-8, cart.

26. Vossii Gerardi Joannis de historicis græcis libri IV; editio altera, priori emendatior, et multis partibus auctior. *Lugduni Batavorum*, 1651. In-4, veau.

27. Aulu Gellii noctes atticæ. *Mediolani*, 1494. In-folio, cart. (Sans titre.)

28. Aulu Gellii noctes atticæ. *Venetiis*, 1569. In-8, parch.

29. J. Cæsaris quæ extant, cum notis variorum. *Amsterdam*, 1697. In-8, vélin, fig.

30. Caius Julius Cæsar ad codices parisinos recensitus. *Paris, Lemaire*, 1818-1822. 4 vol. in-8, demi-maroq.

31. Cornelius Nepos. *Paris, Lemaire*, 1820. In-8, d. rel., portraits.

32. Quintus Horatius Flaccus cum variis lectionibus. *Paris, Lemaire,* 1829-1831. 3 vol. in-8, demi-reliure.

33. Justini Historiarum Philippicarum ex Trogo Pompeio libri XLIV. *Paris, Lemaire,* 1823. In-8, demi-veau fauve.

34. Œuvres de Macrobe. Texte latin et traduction en regard. *Paris, Panckoucke,* 1845-1847. 3 vol. in-8, demi-veau fauve.

35. Ovide. Œuvres. Edition Lemaire. *Paris,* 1820-1824. 10 vol. in-8, demi-rel.

36. Poetæ latini minores. Edition Lemaire. *Paris,* 1824-1826. 8 vol. in-8, demi-vélin.

37. Quintiliani opera. *Veneliis,* 1494. In-folio, cart. (Quelques mouillures.)

38. Valère Maxime. Faits et paroles mémorables. Traduction nouvelle par Frémion. *Paris, Panckoucke,* 1834-1835. 3 vol. in-8, demi-reliure.

39. Virgilius Maro, Ed. Heyne. *Paris, Lemaire,* 1819-1822. 8 vol. in-8, demi-veau.

40. Collectio Pisaurensis omnium poematum, carminum, fragmentorum latinorum, sive ad Christianos, sive ad ethnicos : sive ad certos, sive ad incertos poetas, a prima latinæ linguæ ætate ad sextum usque christianum seculum et Longobardorum in Italiam adventum pertinens. *Pisauri,* 1766. 6 vol. in-4, veau granit.

Inscriptions diverses, en tableaux, tirées en rouge et en noir.

41. M, Antonii Mureti, i. e. ac civis romani epistolæ. *Parisiis,* 1580. In-12, parch., réglé.

LANGUES EUROPÉENNES

42. Hallam (A.). — Introduction to the literature of Europe in the XV XVI and XVII centuries. *Paris,* 1839. 4 vol. in-8, d.-bas.

43. Gervinus. Geschichte der poetischen National-Literatur der Deutschen. *Leipzig*, 1835. 2 vol. in-8, d.-rel.

44. Kaltschmidt (Jakob H.). — Sprachvergleichendes Wœrterbuch der deutschen Sprache. *Leipzig*, 1839. In-8, toile, mouillures.

45. Erasmi colloquia. *Amsterdam, Elzévir*, 1655. In-12, veau.

46. Vandermilii Lingua Belgica, sive de linguae illius communitate cum plerisque aliis, etc. *Leyde*, 1612. In-4, veau.

47. Dictionnaire de l'Académie française. Sixième édition. *Paris*, 1835. — Complément, 1842. Ensemble, 3 vol. in-4, demi-mar. vert.

48. Fénélon. — Les Aventures de Télémaque. Avec figures de Cochin et Moreau le jeune. *Paris, de l'Imprimerie de Monsieur*, 1790. 2 vol, in-8, cart. Bradel.

49. Diccionario de la lengua castellana, compuesto por la real academia espanola, reducido à un tomo para su mas facil uso. Tercera edicion. *Madrid*, 1791. In-folio, demi-veau.

50. Cervantès Saavedra. — El ingenioso hidalgo Don Quixote de la Mancha. *Barcelona*, 1617. 2 vol. pet. in-8, parchemin.

50 bis. Le même. — Tercera edicion corregida por la real academia espanola. *Madrid*, 1787. 6 tom. en 3 vol. pet. in-8, demi-maroq., tranches dorées, avec cartes et gravures sur bois. — Exemplaire en grand papier.

51. Roquete. — Dictionnaire portugais-français. *Paris*, 1841. In-8, demi-reliure.

52. Tragédies d'Alfieri, de Manzoni, de Monti, en italien. 3 vol. in-12, reliés.

53. Ariosto. — Orlando furioso secondo l'edizione del 1532, per cura di Ottavio Morali. *Milano*, 1818. In-4, veau antique.

53 bis. Ariosto. — L'Orlando furioso e le satire, con note

di diversi per diligenza e studio di Antonio Buttura. *Paris.* 1836. 4 vol. in-8, demi-veau, rose, portrait.

54. BOCCACCIO. — Il Decameron. *Firenze,* 1841-1844. In-8, demi-maroq.

Edition très correcte et accompagnée de notes très importantes.

55. BOTTA.—Il Camillo o Vejo conquistata. *Torino,* 1833. In-8, 1/2 reliure, portrait.

Corrections marginales faites par l'auteur, qui avait offert cet exemplaire à feu M. Grangeret de Lagrange.

56. Delle lettere del commendatore Annibal Caro, scritte a nome del cardinale Alessandro Farnese. *Padoue,* 1765. 3 tomes en 2 volumes, in-8, cart.

57. DANTE ALIGHIERI. — La Divina Comedia. *Firenze,* 1846. In-12, 1/2 rel. maroq.

58. METASTASIO. — Opere. *Padova,* 1813-1817. 8 volumes, in-12 bas.

59. PETRARCA. — Le Rime, con note letterali e critiche di varii. *Firenze,* 1832. 2 vol. in-8, demi-chagrin, rouge.

60. RICCIARDETTO DI NICCOLO. — Carteromaco, poema in ottava rima. *Orléans,* 1785. 2 volumes in-8, demi-rel.

61. I quattro poeti italiani. *Parigi,* 1843. In-12, 1/2 reliure.

62. TASSO. — La Gerusalemme liberata, colla vita dell' autore e note storiche, per G. Bertinatti. *Bruxelles,* 1844. Gr. in-8, 1/2 reliure, dos et coins en chagrin rouge, illustrations.

63. TASSONI. — La Secchia rapita, poema eroicomico. *Milano,* 1806. In-8, basane, portrait.

64. VENTI NOVELLE ITALIANE. *Milano,* 1824. In-24, demi-reliure. — Vocabulario per la lettura di Dante. In-18, veau. — Antologia poetica. In-12, d.-veau. — Os Lusiadas di Camoens. In-16, demi-rel. — Ensemble, 4 vol.

65. Cronica di Giovanni Villani, a miglior lezione ridotta coll' aiuto de' testi a penna. *Firenze*, 1823. 8 tomes en 4 volumes in–8, 1/2 reliure.

66. Cronica di Matteo Villani, a miglior lezione ridotta coll' aiuto de' testi a penna. *Firenze*, 1825-1826. 6 volumes in-8, 1/2 reliure.

67. GLOVER (A.). — Leonidas, a poem. *London*, 1737. In-4, bas.

68. Milton's Paradise lost, a new edition, by Richard Bentley. *London*, 1732, In-4, bas.

En regard du frontispice, portrait de Milton, à l'âge de 21 ans, gravé sur acier par G. Vertue en 1731, et portant pour épigraphe : *Nascuntur pœtæ, non fiunt.*

69. UPTON (J.). — Spenser's Faerie Queene. A new edition with a glossary, and notes explanatory and critical. *London*. 1758. 2 vol. in-4, reliés.

HISTOIRE ET GÉOGRAPHIE

70. CHAMPOLLION-FIGEAC. — Nouvelles recherches sur la ville gauloise d'Uxellodunum, prise par César. *Paris*, 1820. In-4, br., planches.

71. COURSON (Aurélien de). — La Bretagne, du Vᵉ au XIIᵉ siècle. *Paris, Impr. imp.*, 1863. In-4 broché, avec carte et fac-simile.

72. FROSSARDI, nobilissimi scriptoris gallici, historiarum opus omne, jamprimum et breviter collectum et latino sermone redditum. *Parisiis, ex officina Simonis Colinaei*, 1537. In-12, d.-rel.

73. Senatus populique Genuensis rerum domi forisque gestarum historiae atque annales, auctore Petro Bizaro Sentinati. *Anvers, Plantin*, 1579. In-folio, bas.

74. Catalogus van de Tractaten, Pampfleten, etc., over de geschiedenis van Nederland, door van der Wulp. *Amsterdam*, 1866-68. 3 vol. in-4, cart. (N'a pas été mis dans le commerce).

74 *bis*. Bibliotek van nederlandsche Pamfletten. *Amsterdam*, 1858-61. 3 vol. in-4, cart.

75. CARAMUEL LOBKOWITZ (ord. Cister.). — Philippus prudens Caroli V, imp, filius, Lusitaniae. Algarbiae, Indiæ, Brasiliæ, legitimus rex demonstratus. *Antwerpiae, Plantin*, 1639. In-fol.. v. ant., portraits.

76. Coutume du bailliage de Melun, par A. Sevenet. *Paris*, 1777. In-4, veau.

77. Archives municipales de Bordeaux. *Bordeaux*, 1867-78. 4 forts vol. in-4. fig. et cartes.
  I. Livre des Bouillons.
 II. Livre des Privilèges.
III. Registres de la Jurande. Délibérations de 1406 à 1509,
IV. Bordeaux vers 1450, description topographique, par Leo Drouyn.

78. SCHNITZLER (J. H.). — Statistique générale méthodique et complète de la France. *Paris*, 1846. 4 tomes en 2 vol. in-8, d.-rel.

79. Atlas des Mémoires militaires relatifs à la succession d'Espagne, sous Louis XIV. *Paris*, 1845. In-folio, en feuilles. (De la collection des documents inédits sur l'histoire de France).

80. Le Pilote des îles Britanniques, publié d'après les ordres du contre-amiral Decrès, ministre de la marine, par le Dépôt général de la marine. Atlas de 29 cartes grand in-folio, relié en basane.

81. DERENBOURG (J.). — Essai sur l'histoire de la géographie de la Palestine. *Paris, impr. imp.*, 1867. In-8, broché.

82. REY (G.). — Etude sur les monuments de l'architecture militaire des Croisés en Syrie et dans l'île de Chypre. *Paris, impr, nat.*, 1871. In-42 broché, fig. planches et cartes.

83. PELLISSIER (E.). — Description de la régence de Tunis. *Paris, impr. imp.*, 1853, In-4 broché, carte.

84. BEULÉ. — Fouilles à Carthage. *Paris, impr. imp.*, 1861. Gr. in-4 broché, planches.

85. Carette (E.). — Recherches sur l'origine et les migrations des principales tribus de l'Afrique septentrionale et particulièrement de l'Algérie. *Paris, impr. imp.*, 1853. In-4, broché.

86. Description de l'Égypte, ou recueil des observations et des recherches qui ont été faites en Égypte pendant l'expédition de l'armée française. Seconde édition. *Paris*, 1821 à 1829. 28 vol. in-8, br.

87. Vivien de Saint-Martin. — Mémoire analytique sur la carte de l'Asie centrale et de l'Inde. *Paris, impr. imp.*, 1858. In-8, broché, carte.

LANGUES ORIENTALES

GÉNÉRALITÉS

88. Herbelot (D^r). — Bibliothèque orientale. *Paris*, 1697. In-folio, relié. — Avec le supplément.

89. Renan (E.). — Histoire générale et système comparé des langues sémitiques, 2e édition. *Paris, impr. imp,*. 1858. In-8, broché.

90. Castelli (Ed.). — Lexicon heptaglotton, cui accessit brevis grammaticae omnium praecedentium linguarum delineatio. *Londini*, 1669. 2 tom. en 1 vol. in-folio, relié en parchemin.

91. Garcin de Tassy. — Rhétorique des nations musulmanes. *Paris*, 1844. — La Prosodie des nations musulmanes, *Paris*, 1848. 2 ouvr. en un vol. in-8, d.-rel.

92. Catalogue of oriental manuscripts in the possession of Dr Lee. *London*, 1840, In-4, cart. (Sans titre.)

93. Catalogue raisonné of oriental manuscripts in the Library of the late College, Fort Saint-George. By W. Taylor. *Madras*, 1857-1862. 3 vol, in-8, br,

94. Spécimen des types français et étrangers de l'imprimerie impériale. Mai, 1855. Gr. in-fol., cart.

95. Journal des Indes néerlandaises (Tijdschrift voor

Nederlandsch Indië). *Groningen,* 1849-1860. 24 vol.
reliés en 12. Gr. in-8, demi-maroq., avec nombr.
planches, cartes, etc.

Les principaux articles de cette série sont : Les croyances
religieuses dans les Célèbes. — Description de Java. — Catalogue de manuscrits malais. — Voyage à Java, par Bleeker. —
Les divinités des peuples de l'Archipel indien. — Le culte re-
ligieux à Bali. — Textes javanais et malais, avec dictionnaires.
— Les Chinois à Java. — Description de Sumatra. — Voyage
de Batavia à Timor. — L'opium dans l'Archipel indien. —
Les Chinois à Bornéo. — L'esclavage dans l'Archipel. — Description de l'île Soemba. — L'île Florès. — Timor. — La culture du tabac. — Les Moluques. — Les Hollandais au Japon.
— Les Lampongs. — Légendes de Sumatra. — La culture
de l'indigo, etc., et de nombreux articles relatifs à l'histoire
naturelle et aux littératures de l'Archipel.

96. Transactions of the royal Asiatic Society of Great
Britain and Ireland. *London,* 1824-1834. 3 vol. in-4,
cart., planches.

PHÉNICIEN, HÉBREU, SYRIAQUE.

97. Gesenius (G.). — Scripturæ linguæque phœniciae
monumenta quotquot supersunt, additis de scripturà
et linguà Phœnicum commentariis. *Lipsiae,* 1857.
3 part. en 2 vol. in-4, cart. pl.

98. Bargès (l'abbé). — Mémoire sur le sarcophage
d'Eschmounazar, roi de Sidon. *Paris,* 1856. In-4,
broché.

Fac-simile du sarcophage et de l'inscription.

99. Biblia hebraica, a J. Leusden, denuo recognita.
Londini, 1822. 2 vol. in-8, reliure.

100. Gesenius (G.). — Lexicon manuale hebraicum et
chaldaicum in veteris Testamenti libros. 4e édition.
Lipsiæ, 1833. In-8, demi-reliure.

101. Furst (Dr J.). Hebraeisches und Chaldaisches
Handwœrterbuch über das alte Testament. *Leipzig,*
1857-1861. 2 part. en 1 vol. in-8, demi-rel. (1300
pages).

102. Waser (C.). — Grammatica syra, duobus libris
methodice explicata. *Leidae,* 1619. In-4, parch.

103. Uhlemann (F.). — Elementarlehre der syrischen Sprache. *Berlin*, 1829. In-8, demi-bas.

104. Kirsch (G. W.). — Chrestomathia syriaca, cum lexico syriaco. *Hofae*, 1789. In-12, demi-rel.

105. Jonas propheta, syriacè, stylo stranghelico; edidit J. Marcel. *Parisiis*, 1802. In-12, br.

106. Eusebius, bishop of Caesarea, on the Theophania, a Syriac version, edited by S. Lee, *London*, 1842. Gr. in-8, br.

107. Spicilegium Syriacum, containing remains of Bardesan, Meliton, Ambrose and Mara Bar Serapion, by W. Cureton. *London*, 1855. In-8, perc.

ÉGYPTIEN, ÉTHIOPIEN, ASSYRIEN, ETC.

108. Brugsch (Heinrich). — Die Geographie des alten Aegyptens nach den Altaegyptischen Denkmaelern, zum ersten Male zusammengestellt und verglichen mit den geogr. Angaben der Heiligen Schrift. *Leipzig*, 1857. In-4, cart., 58 planches et 1 carte.

109. Duemichen Joh. Altaegyptische Kalenderinschriften in den Jahren 1863-1865 an Ort und Stelle gesammelt und mit erlaüterndem Text herausgegeben. *Leipzig*, 1866. In-fol. cart. 120 planchee hiéroglyphiques.

110. Lesueur (J. B. C.). — Chronologie des rois d'Egypte. *Paris* 1848. In-4, broché.

111. Wilkinson (G.). — A popular account of the ancient Egyptians, illustrated with five hundred woodcuts. *London*, 1834. 2 vol. in-12, percaline, fig.

112. Novum Testamentum in linguam Amharicam vertit Abu-Rumi Habessinus, edidit Th. Pell Platt. *Londini*, 1829. In-4, bas.

113. Jobi Ludolfi lexicon aethiopico-latinum. Editio secunda cum indice latino copiosissimo. *Francofurti ad Mœnum*, 1699. In-fol., v., fil.

114. Oppert (J.) et Menant (J.). Les fastes de Sargon,

roi d'Assyrie (721 à 703 avant J.-C.), traduits et publiés d'après le texte assyrien de la grande inscription des salles du palais de Khorsabad. *Paris, imp. imp.*, 1863. In-folio, broché.

115. Le Nouveau Testament en arménien ancien. 1854. In-8, veau.

116. CHAHAN DE CIRBIED. — Notice sur deux manuscrits arméniens contenant l'histoire de Mathieu Eretz, et extrait de cette histoire, relatif à la première croisade, en arménien et en français. *Paris, imp. imp*, 1812. In-4, demi-reliure.

ARABE· — TURC. — PERSAN

117. CASIRI. — Bibliotheca arabico-hispana Escurialensis. *Matriti*, 1760-1770. 2 vol, in-folio, demi-reliure.

   Bel exemplaire provenant de la bibliothèque de feu Grangeret de Lagrange.

118. SILVESTRE DE SACY. — Grammaire arabe. *Paris*, 1810. 2 vol. in-8, demi-rel.

119. LE MÊME. — Grammaire arabe. Deuxième édition. *Paris*, 1831. 2 vol. in-8, demi-rel.

120. LE MÊME. — Chrestomathie arabe. *Paris*, 1806. 3 vol. in-8, demi-rel.

121. LE MÊME. — Chrestomathie arabe. Deuxième édition. *Paris*, 1826-1827. 3 vol. in-8, cart.

122. HUMBERT (Joh.). — Arabica Chrestomathia facilior. *Parisiis*, e typographia regia, 1834. In-8, demi-reliure.

123. OBERLEITNER (Andreas). — Chrestomathia arabica una cum Glossario arabico-latino. *Vienne*, 1823-1824. In-8. Les deux parties reliées en un seul volume cartonné.

124. GOLIUS (J.). — Lexicon arabico-latinum ; accedit index latinus, copiosissimus. *Lugduni Batavorum*, 1653. In-folio, relié en cuir de Russie, tranches dorées.

125. MENINSKI (Fr. a Mesgnien). — Lexicon arabico-persico-turcicum, nunc secundis curis recognitum et auctum. *Vienne*, 1780. 4 vol. in-folio, veau écaille, tranches dorées, portrait.

126. JAHN (J.). — Lexicon arabico-latinum chrestomathiæ arabicæ accommodatum. *Vienne*, 1802. In-8, veau.

127. FREYTAG (G. W.). — Lexicon arabico-latinum. *Halis Saxonum*, 1830-1837. 4 vol. gr. in-4, demi-veau.

128. ELLIOUS BOCTHOR. — Dictionnaire français-arabe, revu et augmenté par A. Caussin de Perceval. 2ᵉ édition. *Paris*, 1848. Gr. in-8 à 2 colonnes, demi-reliure.

129. BIBERSTEIN KAZIMIRSKI (de). — Dictionnaire arabe-français. *Paris*, 1846-1860. 2 vol. in-8, demi-reliure.

130. El Engil er Sherif el Tahir. Nouveau Testament pour le service de l'église grecque. *Imprimé à Jérusalem*. In-fol., fig., bas.

131. Kitab el Engil war Resail. Epitres et évangiles, suivant le rite catholique romain, en arabe. *Jérusalem*, 1860. In-4, cart.

132. MAAZZI. — Liturgie de l'église grecque, en arabe. *Jérusalem*, 1858. In-folio, veau.

133. TRYODIN. — Livre de liturgie, en arabe. *Jérusalem*, 1856. In-folio à 2 col., relié en basane.

134. The Koran, translated into english, by G. Sale. A new edition, *London*, 1850. In-8, perc.

135. Book of religious and philosophical sects by Muham. al Sharastani. Edited by Cureton. *London*, 1846. In-8, br.

136. Hayât ul Haiwân al Kubrâ lil Damîri. L'histoire des animaux, par Damîri, grand dictionnaire zoologique en arabe. *Boulaq*, 1857. 2 vol. in-4. cart.

137. Annotations of Abdul-Hakim Assaialkouti on the annotations of Alkhaiali on Toftazani's Commentary

on the principles of faith of Ash-Sheikh Annasafi.
Lukhnow, 1877, In-4, autogr., br.

138. Al Mathal us Sâir, répertoire de toutes les con-
naissances nécessaires à un écrivain ou à un poète,
par Dhiyà ud dìn Nasrullah al Mausili. *Boulaq*, 1865.
In-4, cart.

139. Harethi moallaca cum scholiis Zuzenii edidit latine vertit et commentario instruxit, J. Vullers.
Bonn, 1827. In-4, cart.

140. Les Séances de Hariri, publiées par S. de Sacy.
2ᵉ édition, publiée par Reinaud et Derenbourg. *Paris*, 1847-1853. 2 vol. in-4, demi-maroq.

141. LES MÊMES. — Texte arabe. Sans lieu ni date. In-4,
demi-rel. (Titre manuscrit ajouté.)

142. Le diwan d'Amrôlkais, texte arabe et traduction
latine avec notes, par Mac Guckin de Slane. *Paris*,
1837. In-4, demi-reliure.

143. Divan du Cheikh Ibn-el Faredh, publié par Fa-
rès ech-Chediak. *Marseille*. Gr. in-8, br.

144. Les Prolégomènes d'Ibn-Khaldoun, traduits en
français et commentés, par Mac Guckin de Slane.
Paris, 1863-1868. 3 vol. in-4, brochés.

145. Chulàsat ul Wafâ, histoire et description de Mé-
dine, par As-Sambùdi. *Boulaq*, 1868. In-4, cart.

146. ABD-ALLATIF. — Relation de l'Egypte, traduite de
l'arabe, par Silvestre de Sacy. *Paris*, 1810. In-4,
demi-reliure.

147. CAUSSIN DE PERCEVAL. — Essai sur l'histoire des
Arabes. *Paris*, 1847-1848. 3 vol. in-8, demi-veau
fauve.

148. BEHRNAUER (W.). — Mémoire sur les institutions
de police chez les Arabes, les Persans et les Turcs.
Paris, 1861. In-8, broché.

149. Voyage au Ouaday par le cheikh Mohammed
ibn-Omar el-Tounsy. Traduit de l'arabe par Perron.
Paris, 1851. Un vol. et un atlas in-8, br.

150. Wœpcke (F.). — L'algèbre d'Omar Al-Khayyâmî, publiée, traduite et accompagnée d'extraits de manuscrits inédits. *Paris*, 1851. In-8. br., pl.. fig.

151. Wœpcke (F.). — Extrait du Fakhrî, traité d'algèbre arabe, etc. *Paris*, 1853. In-8, br.

---

152. Nouveau Testament en turc. *Paris, imp. royale*, 1828. In-4, cartonné.

153. Kieffer et Bianchi. — Dictionnaire turc-français. *Paris, imp. roy.*, 1835-1837. 2 vol. in-8, veau bleu, filets.

154. Bianchi et Kieffer. — Dictionnaire français-turc et turc-français. 2ᵉ édition. *Paris*, 1843-1846. 4 vol. in-8, demi-rel.

155. Pavet de Courteille. — Dictionnaire turk-oriental. *Paris, imp, imp.*, 1870. In-8. broché.

156, Divan Pertev. — Le Divan de Pertev Pacha, ancien ministre de l'intérieur du sultan Mahmoud. En turc. *Boulaq*, 1253. In-8, cart., caractères ta'liq.

157. Tarikh Izzi Soliman Effendi. — Histoire ottomane par Izzi. *Constantinople*, 1199. In-fol., rel. orient.

158, Ursprung des Turkischen Reichs bis auff den itzigen Solyman durch D. Paulum Jovium Bischoff Nuccerin an Keiserliche Maiestaet Carolum V, inn Welscher sprach geschrieben, ernach aus dem Latin F. Bassianatis verdeutschet durch Justum Jonam. Von der Türken Rüstung und Kriechs Bestellung, vleissiger bericht. *S. l.*, 1538. In-4, demi-vélin. (Rare.)

---

159. Shums-ool-loghat, or a Dictionary of the Persian and arabic languages, the interpretation being in Persian, compiled under the inspection of Joseph Barretto. *Calcutta*, 1806. 2 vol. in-4. veau.

160. Haft Kulzum. The seven seas. A dictionary and grammar of the persian language, by His Majesty the King of Oude. In seven partes. *Lukhnow*, 1822. En 2 vol. in-folio, veau.

Bel exemplaire sur papier velin. — En tête de chaque page, les armes royales.

161. Haft Kulzum. Le même ouvrage. 7 vol. in-folio, d.-veau.

Bel exemplaire sur papier ordinaire. — Quelques piqûres de vers dans la marge supérieure d'un volume.

162. BARBIER DE MEYNARD. — Dictionnaire géographique, historique et littéraire de la Perse et des contrées adjacentes, *Paris, impr. imp.*, 1861. Grand in-8, broché.

163. BALLANTYNE. — Principles of persian calligraphy. *London*, 1844. In-4, perc.

164. Musladini Sadi Rosarium politicum, de persico in latinum versum a Georgio Gentio, *Amstelædami*, 1654. In-folio, bas.

165. Le Gulistan, édition publiée par les soins de Hussein Effendi. *Boulaq*, 1261, in-8, rel. orient.

166. Tuhfat ul Ahrar, persian poem of Mulla Jami, edited by Forbes Falconer. *London*, 1848. In-4, perc.

167. Salaman u Absal, an allegorical romance, of Mulla Jami, edited by Forbes Falconer. *London*, 1858. In-4, perc.

168. History of the early Kings of Persia, by Mirkhond. Translated from persian by David Shea. *London*, 1832. In-8, br.

169. History of the Atabeks of Syria and Persia, by Mirkhond, edited by Morley. *London*, 1848. In-8, perc.

170. The life of Sheikh Mohammed Ali Hazin, translated from the persian, by Belfour. *London*, 1830. In-8, cart.

171. Siyar-ul-Mutakherin, history of the mahomedan power in India, translated by J. Briggs. *London*, 1832. In-8, cart.

172. Tarîkh i Ferishtah, History of the rise of Mohammedan power in India, till the year 1612. Texte persan, lithographié à Bombay. 2 vol. in-folio, d.-rel. (Rare.)

173. Makhzan ul Asrar, the treasury of secrets, persian poem, of Nizami, edited by N. Bland. *London*, 1844. In-4, perc.

174. JOURDAIN. — Notice de l'histoire universelle de Mirkond intitulée : *Rauzat assafa* « le Jardin de la pureté.. » *Paris, impr. imp..* 1812. In-4, demi-reliure.

175. GAFFAREL (J.). — Curiositez inouyes sur la sculpture talismanique des Persans. Horoscope des patriarches et lecture des estoilles. *S. l.*, 1637. In-12, parch.

LANGUES DE L'INDE
TEXTES SANSCRITS.

BENGALI, HINDI, HINDOUSTANI, MARATHI.

176. LEBEDEFF. — Grammar of the pure and mixed east indian dialects, with dialogues. *London*, 1801, In-4, cart.

177. WILKINS. — Grammar of the sanskrita language. *London*, 1808. In-4, cart.

178. WILSON. — Sanskrit grammar. *London*, 1841. In-8, perc.

179. The radicals of the sanskrita language. *London*, 1815. In-4, veau,

180. WILSON. — Dictionary sanscrit and english. second edition. *Calcutta*, 1832. In-4, d.-v.
Exemplaire de travail, fatigué, avec des annotations à la plume.

181. WILSON. — Sanskrit-english dictionary, abridged by Pandit Ram Jasan. *Benares*, 1870. Gr. in-8, perc.

182. Dictionary in sanscrit and marathi, compiled by Madhawa Chandroba. *Bombay*, 1870. In-4, d.-v.

183. Anumanachintamani by Gangeshopadhyaya, with commentary. *Calcutta,* 1872, In-8, br.

184. The aphorisms of the Vedanta, by Badarayana with commentary and gloss. *Calcutta,* 1875. In-8, br.

185. Asubodham Vyakaranam, a new sanskrit grammar on the system of Panini, by Taranatha-Tarkavachaspati. *Calcutta,* 1873. In-8, br.

186. Bala Vaidhya, en marathi. In-8, cart.

187. Bhagavadgita, with the commentaries, in sanskrit, by Sankara, Anandagiri and Sridharaswamin, as well as a commentary in Bengali, by Hitalala, in bengali characters. *Calcutta,* 1853. In-fol., br.

188. Bhagavadgita, with the commentaries, in sanskrit, by Sankara, Anandagiri, Sridharaswamin, etc. *Calcutta.* In-4, br.

189. Bhagavata Purana, avec commentaire, imprimé en caractères grantha, *Madras,* 2 vol. in-4, toile.

190. Bhatti Kavya, with the commentaries of Jayamangala and Bharâtamalika. *Calcutta,* 1871-1873. 2 vol. in-8, br.

191. Chakradatta, a medical work. *Calcutta.* In-8, br.

192. Chandogya Upanishad, with commentary and gloss. *Calcutta,* 1873. In-8, br.

193. Dasa Kumara Charita, tales in sanscrit edited by Wilson. *London,* 1846. In-8, perc.

194. Dasa Maskandachya en marathi. In-8, cart.

195. Dayabhaga, with commentary. *Calcutta,* 1818. In-4, d.-rel.
Très rare.

196. Dayabhâga, or law of inheritance by Jimutavahana, with a commentary. *Calcutta,* 1829. In-8, br.

197. Dayabhaga, the law of inheritance, edited by Coomar Tagore, in bengali characters. *Calcutta,* 1866. 2 vol, in-4, d.-r. et broch.

198. Daya Tatwa, on the law of inheritance. *Calcutta,* 1828. In-8, br.

199. Gayamahatmya, a portion of the Vayu Purana. (En caractères dévanagari et bengali). *Calcutta*, 1865. In-8, br.

200. Gita Govinda, edidit et transtulit C. Lassen. *Bonn*, 1836. In-4, veau.

201. Harivansa ou histoire de la famille de Hari, trad. par A. Langlois. *Paris, impr. royale*, 1834-1835. 2 volumes in-4, demi-reliure.

202. Hitopadesa, in the sanskrita language. *London*. 1810. In-4, cart.

203. Hitopadesa, sanscrit text, by F. Johnson. *London*, 1847. In-4, cart.

204. Hitopadesa, with hindi translation and glossary. *Bénarès*. In-8, br.

205. HUMLAT-I-HYDERI. — Histoire d'Hyder Ali-Khan, en hindoustani, par Ghoolam Mohamed, fils de Tippoo Shah. *Calcutta*, 1849. In-4, d.-v., à coins, pl. lithogr.

206. Kiratarjuniya, by Bharani, with Mallinatha's commentary. *Calcutta,* 1814. In-4, d.-r.

Edition très rare.

207. Kiratarjuniya, an epic poem, with commentary, 1867. In-8, br.

208. Laghu Kaumudi, a sanscrit grammar. *Calcutta*, 1877. In-8, br.

209. Mahabharata Darpana. Traduction en hindi du Mahabharata. 4 vol. in-4, br.

210. Mahabharata, le grand poème épique, imprimé en caractères grantha. *Madras*, 3 vol. in-4, toile.

211. Mahaviracharita, a drama by Bhavabhuti. *Calcutta*, 1873. In-8, br.

212. Malati and Madhava, a sanskrit drama by Bhavabuti, with a commentary. *Calcutta*, 1876. In-8, br.

213. Mantra Brahmana of the Samadeva, with a commentary and a bengali translation. *Calcutta*, 1873. In-8, br.

214. Megha Duta, by Calidasa, with translation in english verse, by H. H, Wilson. *Calcutta*, 1813. In-4,
cart.

215. Megha Duta, or cloud messenger, sanskrit poem,
translated into english verse by H. H. Wilson.
London, 1843. In-4, perc.
Dans les marges une traduction manuscrite en prose, du prof.
Ballantyne.

216. Meghaduta by Kalidasa, with numerous parallel
passages and a bengali metrical translation. *Calcutta*,
1871, In-8, br.

217. Meghaduta by Kalidasa, with commentary. *Calcutta*, 1874. In-8, br.

218. Mitakskara, compendium of hindu law. *Calcutta*,
1829. In-8, br.

219. Mrichakatika, avec commentaire. *Calcutta*, 1862.
In-8. br.

220. Mudrarakshasa, sanskrit drama. *Calcutta*, 1870.
In-8, br.

221. Nalodaya, sanscrit poem. *Calcutta*, 1870. In-8, br.

222. Nirnayasindhu, traité des cérémonies religieuses,
par Kamalakara. *Bénarès*, 1865. In-4, cart.

223. Panchadasi, by Madhava, with a commentary,
by Ramakrishnatirtha. *Bombay*, 1865. In-8, oblong,
en feuilles.

224. Râdjataranginî. Histoire des rois de Kachmîr.
Texte sanscrit, traduit et commenté par **A. Troyer**.
Paris, 1840-1852. 3 vol. in-8, br.

225. Raghuvansa, by Kalidasa, with the commentary
of Kalidasa. *Calcutta*, 1874. In-8, br.

226. Ramayana, poema indiano di Valmici, pubblicato
in testo sanscrito e tradotto in italiano da **G. Gorresio**. *Parigi*, 1843. 10 vol. gr. in-8, cartonné.

227. Uttarakanda, testo sanscrito e versione italiana
di G. Gorresio. *Paris*, 1867-1870. 2 vol. gr, in-8,
broché.

228. Rijupatha, or simple lessons in sanskrit, compiled
by Iswarachandra Vidyasagara. 3 part. In-12, br.

229. Sabdasandharba sindhu, a sanskrit bengali dictionary. I, comprising the words beginning with vowels. *Calcutta*, 1863. In-4, br.

230. Sabdastoma Mahanidhi, a sanskrit dictionary compiled by Taranatha Tarkavachaspati. *Calcutta*, 1869-1870. En 5 pts, in-4, br.

231. Sakuntala Nataka, avec commentaires. In-8, oblong. en feuilles.

232. Sakuntala, with commentary (en caractères grantha). In-8, cart.

233. Sarva-Sabda-Sambodhini, complete sanskrit dictionary, in grantha characteres. *Madras*, 1875, In-4, toile.

234. Sahitya Darpana, on literary composition. *Calcutta*, 1874. In-8, br.

235. Sarangadhara Sanhita, a treatise on medicine. *Calcutta*, 1874. In-8, br.

236. Sarvadarshana-sangraha, on the different systems of indian philosophy. *Calcutta*, 1872. In-8, br.

237. Siddh'anta Kaumudi, with commentary by Taranatha Tarkavachaspati. *Calcutta*, 1870-1871. 2 vol. in-8, br

238. Siddhantarmida Sara, en bengali. In-8, br.

239. Sidhanta Vindusara, by Taranatha Tarkavachaspati. *Calcutta*, 1872. In-8, br.

240. Sisupala Badha, an epic poem, with a commentary by Mallinatha. *Calcutta*, 1815. In-8, br.

241. Sivalilamrita, texte sanscrit. *Bombay*. In-8, obl.

242. Slokamala, with commentary, car. bengali. *Calcutta*, 1860. In-8, cart.

243. Smrita Sagara, en marathi. Gr. in-8, cart.

244. Synopsis of science, in sanscrit. In-8, br.

245. Taitareya and Aitareya Upanishads with the commentary of Sankaracharya and the gloss of Anandagiri, edited by Pandit Jibananda Vidyasagara. *Calcutta*, 1875. In-8, br.

246. Uttara Ramacharita. sanskrit drama by Bhava-bhuti, with a commentary. *Calcutta,* 1870. In-8, br.

247. Vasantatilaka, by Baradacharya. *Calcutta,* 1877. In-8, br.

248. Veni Samhara, drama by Bhatta Narayana, with commentary. *Calcutta,* 1868. In-8, br.

249. Veni Sanhara, translated into bengali. In-8, br,

250. Vikramorvasi, avec commentaire. *Calcutta,* 1873. In-8, br.

251. Vira Mitrodaya, a treatise on Hindu law, by Mi-tramisra. *Khidirapur,* 1815 In-5, oblong, demi-rel.
> Très-rare. « Adopted as authority at Benarès. » Cole-brooke.

252. Les Œuvres de Wali, publiées en hindoustani avec traduction française et des notes, par Garcin de Tassy. *Paris, imp. royale,* 1834. In-4, demi-reliure.

CHINE ET JAPON

OUVRAGES EUROPÉENS.

253. RÉMUSAT. — Eléments de la grammaire chinoise, seconde édition. *Paris,* 1857. Gr. in-8, demi-vélin.

254. SUMMERS J. — Handbook of the chinese language. Grammar and Chrestomathy. *Oxford,* 1863. In-8, demi-reliure.

255. DEVAN (Dr). — The household companion and student's first assistant (for the Canton dialect); revu, corrigé et augmenté par W. Lobscheid. *Hong-Kong,* 1867. In-8, perc.

256. Ouënn-chio-chou kouann houa. Grammaire de la langue chinoise mandarinique, en chinois, par Craw-ford. *Teng-tcheou,* 1859. In-8, pap. jaune.

257. EDKINS (J.). — Grammar of the chinese colloquial language, mandarin dialect. *Shanghai,* 1863, In-8, demi-vélin (2ᵉ édition).

258. Edkins (J.). — A vocabulary of the Shanghai dialect. *Shanghai*, 1869, In-8, cart.

259. Bridgman (E. C.). — Chinese chrestomathy in the Canton dialect. *Macao*, 1841. In-8, demi-rel.

260. Calligraphie chinoise. Modèles de caractères chinois. *Paris*. In-8, br.

261. Robert Thom. — The Chinese speaker, extracts from works written in the mandarin language. Part I (seule publiée). *Ning-po*, 1846. In-8, broché à la chinoise.

262. José de Aguilar (Don). El interprete chino. Coleccion de frases analizadas para aprender el idioma oficial de China. *Madrid*, 1861. In-8, br.

263. Macgowan (Rev. J.).— A collection of phrases in the Shanghai dialect, systematically arranged. *Shanghai*, 1862. In-8; br.

264. Lobscheid (Wm). — Select phrases in the Canton dialect, collected by Kerr. Seconde édition. *Hong-Kong*, 1867. In-12, br.

265. Dialogues mantchous-chinois. 1 pën, in-8.

266. Tsëng-pou houèi-yunn. Vocabulaire tonique, avec l'explication sommaire des caractères. *Amoy*, 1829. 6 pënn, in-12, pap. blanc.

267. Gonçalvez (J. A.). — Diccionario portuguez-china, china-portuguez. *Macao*, 1831-1833. 2 vol. petit in-4, demi-vélin, tr. d.

268. Dictionarium sinico-latinum, auctore De Guignes. Nouvelle édition publiée par le P. Mangieri. *Hong-Kong*, 1853. In-4, demi-vélin blanc.
   Édition extrêmement rare.

269. Houa Yïng t'ong yu. Vocabulaire chinois-anglais, rangé par ordre de matières avec la prononciation des mots anglais en chinois, par Ho Tse-ting (Austin?). 1855. 1 pënn, in-8, pap. jaune.

270 Morrisson (Rev. R.). A dictionary of the Chinese language (arrangé par ordre de prononciations). *Shanghae.*, 1865. 2 vol. in-4, perc., non coupés.

271. Rosny (Léon de). — Dictionnaire des signes idéographiques de la Chine, avec leur prononciation usitée au Japon. *Paris*, 1867, In-8, br., non coupé.

272. Stent (G. C.). — Chinese-English vocabulary in the Pekingese dialect. *Shanghai*, 1871. In-8, d. v.

273. Rosny (L. de). — Anthologie japonaise. *Paris*, 1871. In-8, br.

274. Hepburn (J. C.). — A Japanese-English and English-Japanese dictionary. Second edition. *Shanghai*, 1872. 2 part. en 1 vol. in-4, demi-vélin.

275. Biot. — Dictionnaire des noms anciens et modernes des villes et arrondissements de l'empire chinois. *Paris*, 1842. In-8, demi-vélin, carte.

276. Meng Tseu edidit, latine vertit, et annotavit S. Julien. *Paris*, 1824. 2 vol. in-8, d. rel.

277. Chronicas de la apostolica provincia de S. Gregorio de religiosos descalzos de N. S. P. S. Francisco en las islas Philippinas, China, Japon, etc., escrita por el P. Fr. J. Fr. de S. Antonio. *Manila*, 1738 et 1741. 2 vol. in-fol., parch.

278. Kouri-moto Tei-zi-ro. Sur la condition de la femme au Japon. *Paris*, 1869. In-8, br.

TEXTES CHINOIS

RELIGIONS. — BOUDDHISME. — TAOISME, ETC.

279. Choui-youe-tchaï tche-youe-lou. Biographies des sept Bouddhas et des plus illustres personnages du bouddhisme, par K'iu Jout-si. Nouvelle édition publiée par Hong Li. Texte en gros caractères, entremêlé de notes et de commentaires. Préfaces de 1601 et 1602; édition de 1745. 10 pénn, in-4, d'une impression très élégante sur papier blanc.

Ouvrage fort important pour l'histoire du bouddhisme en Chine.

280. Ta pan ni pan king. Ouvrage bouddhique; édition publiée par les soins de l'empereur Yong-tching. 8 pën en 1 tao.

281. Miao fa lien hoa king. Ouvrage bouddhique. 2 pën en 1 tao. (Belle édition.)

282. Tsïng t'ou chènn tchong. La cloche du matin de la terre pure. Ouvrage bouddhique. 1 pënn, in-4, compacte. Imprimé au monastère Lïng-yènn-sse de *Kia-ching-fou.*

283. Youe tsang tchi tsin. Ouvrage bouddhique très important. 12 pën en 1 tao. Belle édition.

284. Kinn-kang pann jo po lo mi king. Traduction chinoise du livre bouddhique appelé en sanscrit *Vadjra Tchedika,* résumé du *Pradjnâ paramitâ.* In-4, plié en paravent, papier blanc; fig.; édition de 1795.

285. Kinn-kang pann-jo-po-lo mi king. Le livre diamant. Le Vajra Prajnàpâramita Sutra, traduit en chinois par Kumâragîva. Edition de 1842, 1 pënn, in-fol. plié en paravent, pap. blanc, fig.

286. Prières bouddhiques adressées à la déesse de la miséricorde Kouann-yinn, pour le secours des malheureux et la protection des êtres vivants, suivies des époques de jeûne. *Canton,* une feuille avec une image de la déesse.

287. Ts'iènn cheou ts'iènn yènn ta pèi sinn tcheou tsann fa. Prières à la déesse de la miséricorde (Kouann-yinn ou Avalokiteçvara), à Bouddha et autres *pou-sa;* in-4, plié en paravent, belle impression sur papier blanc, avec de nombreux portraits très finement gravés.

Préface impériale de 1411, réimpression de 1803; renferme plusieurs morceaux en langue sanscrite transcrits en caractères chinois. Illustrations remarquables.

288. Kouann che yïnn pou sa p'ou mënn pinn king. Prières à la déesse de la miséricorde Kouann-yinn ou Avalokiteçvara, 1795. In-4, plié en paravent, pap. blanc, expl. fatigué, fig.

289. RÉMUSAT (Abel). — Foê Kouê Ki, ou relation des royaumes bouddhiques. Ouvrage posthume revu et complété par Klaproth et Landresse. *Paris, Imp. roy.,* 1836. In-4, demi-reliure.

290. Ts'ëng ting king sinn lou. Le livre du respect souverain et de la foi. Recueil d'ouvrages taoistes, tels que le Livre des récompenses et des peines, le Livre de la récompense des bienfaits secrets, et un grand nombre d'autres. *Canton*, 1843. 1 fort pënn, in-4, fig.

291. BURNOUF (Emile). — La mythologie des Japonais, d'après le Koku-si-ryaku, ou Abrégé des historiens du Japon. *Paris*, 1875. In-8, br.

292. POU CHE TCHENG TSONG. — Traité complet et exact de divination, par Ouang Hong-siu. Préface de 1709, quatorze livres en 4 vol. in-8, d.-v., papier jaune, impression soignée. Deux feuillets manquent au commencement du vol. III; un autre est déchiré partiellement; fig.

Curieux ouvrage, accompagné de nombreux commentaires sur l'art de connaître l'avenir et d'augurer des entreprises et de la vie humaines. Les devins chinois ont pour base de leur science les antiques *Koua* de Fou-chi et de Ouënn-ouang, combinés avec les noms des cinq éléments, ceux des caractères cycliques, etc. Les derniers livres comprennent de nombreux problèmes, avec des exemples de calculs divinatoires.

293. CHÈNN-SIANG TS'IUANN-PIÈNN. — Traité complet des rapports de l'esprit (avec les signes extérieurs du corps). Ouvrage de physiognomonie et de chiromancie, texte inédit de Tchëng Po, auteur de l'époque des Song, corrigé par Yuann Tchong-che des Ming, *S. l*, 1786. 6 pënn. in-4, pap. jaune, nombr. fig.

Intéressant traité illustré sur les sciences occultes chez les Chinois, composé sans doute vers le XIe siècle de notre ère; il il est précédé d'une préface signée par un académicien, originaire du Tcho-Kiang, et renfermant un historique de ces sciences. Voici à peu près l'économie des douze livres qui composent ce traité, dont une partie est écrite en prose et l'autre en vers de sept syllabes.

1° Considérations générales sur les différents principes de la nature et les lois qui les régissent. Physiologie.

2° Physiognomonie astrologique Signes des sens, de la voix, etc.

3° Signes du visage, des cheveux, des sourcils, des yeux, de l'oreille, de la bouche, de la langue, de la barbe.

4° Le dos, les reins; attitudes diverses. Signes extérieurs des vertus, des vices.

5° Pièces de vers sur les pronostics.

6º Idem. Systèmes divers.
7º Pièces de vers. Chansons, etc.
8º Chiromancie : de la main, ses signes. — Le pied; les membres.
9º Signes chez les femmes.
10º Le front; le teint.
11º Le teint; le souffle.
12º Couleurs, leurs pronostics. Signes passagers, etc.

LES LIVRES CLASSIQUES. — DICTIONNAIRES. LITTÉRATURE. — CARTES, ETC.

294. T'ong-pann Sse-chou pou-tchou fou-k'ao pèi-tche. — Les Quatre livres classiques, gravés sur cuivre, avec amples explications, paraphrases, notices historiques, etc. *Péking*, 1847. 6 forts pënn in-4, pap. jaune.
Belle édition, gravée sur cuivre.

295. Sse-chou-tchëng-ouënn. — Texte correct des Quatres livres classiques, en gros caractères. 5 pënn in-8, impression en types mobiles des Collèges Anglo-Chinois. Pap. blanc.

296. Le même ouvrage. Autre édition.

297. Tcheou-li, ou les Rites des Tcheou. Manuscrit in-8, contenant les Quatres chapitres du livre Tong-kouann K'ao-kong-ki, Fonctionnaires de l'hiver, examen des travaux publics. Commentaires, ponctuation et corrections en rouge, nombr. fig.
Le *Tcheou-li* est l'un des trois anciens traités sur les rites connus sous le nom de *Sann-li*, qui comprennent en outre le *Li-ki* et le *Yi-li*.

298. Chiao-king, ou le livre canonique de la piété filiale, fragment imprimé en blanc sur fond noir et plié en paravent, reproduisant l'écriture même de l'empereur K'ang-chi, et portant son sceau, avec la date de 1685, 5ᵉ lune. Suivi de quelques pièces dues à de hauts fonctionnaires, relatives à l'impression de ce beau morceau de calligraphie impériale. Ponctuation rouge.
Exemplaire d'une grande netteté, malheureusement fatigué.

299). Yu ting pei ouenn yunn fou. — Trésor des sons,
« joyau de la littérature, » publié par ordre impérial.
Grand dictionnaire tonique de la langue chinoise,
comprenant les termes simples, ainsi qu'un nombre
considérable d'expressions composées, usitées tant en
poésie qu'en prose. Édition primitive de 1711. *Péking.* 106 k'inann ou livres, brochés en 95 pënn, in-8.
Exemplaire du plus beau tirage, sur papier jaune.
1 pén à une piqûre à quelques feuillets.

Le Pei ouënn yunn fou fut élaboré par une commission impériale nommée en 1711 et formé de 76 lettrés et fonctionnaires.
C'est le plus étendu des dictionnaires des Chinois ; il forme uu
vaste *répertoire d'exemples*, puisés aux meilleures sources parmi les
poètes et les prosateurs. Classé par homophones, il offre d'abord
l'indication succinte de la prononciation et des significations
diverses des termes simples ; suivent les expressions composées
où se retrouvent ces termes simples, avec les passages des auteurs qui les ont employées. Toutefois le sens même de ces expressions doubles, triples, ou même quadruples, n'est indiqué que
par le contexte de la citation.

Ce grand travail, destiné surtout à faciliter l'étude de la poésie
chinoise, offre quelque ressemblance de plan avec le *Thesaurus
poeticus*, mais il est beaucoup plus étendu.

Nous devons attirer l'attention sur l'exécution magnifique de
cet exemplaire, qui en fait un des plus beaux spécimens d'impression chinoise. Une page de la préface impériale a été refaite
à la main. Les piqûres ont été soigneusement réparées.

Édition impériale, différente de l'édition cantonaise dont un
exemplaire figura à la vente Callery. — Extrêmement rare.

300. K'ang-chi-tse-tienn. — Le code des caractères,
publié par ordre de l'empereur K'ang-chi. Seconde
édition due à l'empereur Tao-kouang, et publiée
en 1827. 40 vol. In-4, en 6 t'ao, papier jaune.

Bel exemplaire. On sait que le Dictionnaire de K'ang-chi est
pour la langue chinoise, ce qu'est le Dictionnaire de l'Académie
pour la langue française.

301. K'ang-chi-tse-tiènn ts'o-yao. — A concise Dictionary of Chinese, by John Chalmers. *Canton,* 1878.
3 forts pënn in-fol.

Dictionnaire basé sur celui de K'ang-chi, et offrant l'explication et les prononciations des caractères chinois rangés suivant
l'ordre des groupes additionnels à la clef. Ces groupes sont eux-
mêmes disposés dans l'ordre des 214 clefs. Très-belle impression
xylographique sur papier blanc, due aux presses des Missions de
Londres. Canton.

3o2. K'ang-chi tse tiènn. — Index de l'abrégé publié
par le Rev. Chalmers, à Canton. 1 pënn, in-fol.

3o3. Tsëng-tchou Ya-sou-t'ong che-ou-yinn. — Vocabulaire chinois par ordre thonique, avec de courtes
explications, par Siè Sièou-foug; 7 pënn in-8, impr.
rouge et noire.

Manque le 4° cahier.

3o4. Li T'ai-po ouenn tsi. — Recueil des écrits de Li
T'ai-po, l'un des poètes les plus célèbres de l'époque
des T'ang. 12 pënn in-8, pap. jaune, quelques piqûres, édition très-soignée et rare.

L'étendue des commentaires qui accompagnent chacune des
pièces de vers, et qui sont dûs à Ouang Tsai-ngann, rend notre
édition très précieuse. Li Po et Tou-Fou, son émule et son con-
temporain, sont considérés comme les deux plus grands poètes
lyriques de la Chine. M. d'Hervey de Saint-Denys a publié dans
les *Poésies de l'époque de Thang*, la traduction de quelques pièces de
ces deux poètes. Notre exemplaire a appartenu à un lettré chinois
qui en a ponctué en rouge certains passages.

3o5. Po-mèi sinn-yong t'ou-tch'ouann. — Les cent
beautés, chansons nouvelles avec portraits et notices
historiques (suivis d'un recueil poétique sur les
mêmes personnages). Édition donnée par Yuann
Mèi (ou Yuann Tse-ts'ai), en 1790. 4 pënn in-4,
d'une impression élégante sur pap. blanc; 100 portraits remarquablement exécutés au trait; quelques
piqûres.

La partie primitive de ce recueil, les *Po-mèi che*, ou pièces de
vers sur les cent beautés, fut publiée pour la première fois par le
cantonnais Yènn Chi-yuann, surnommé le lettré de Kiènn-t'ang,
qui dit dans sa préface, datée de 1787, avoir trouvé ces poésies
dans la ville de Cho-tch'e et ignorer le nom de leur auteur et la
date de leur composition. De nombreux lettrés, à la tête desquels
se trouve le célèbre Yuann Mèi, un des écrivains les plus élégants
de l'époque mantchoue, travaillèrent sur ce fond et l'augmen-
tèrent considérablement de leurs compositions poétiques, réunies
sous les titres de T'i-tse et de Tsi-yong.

Les tomes II et III comprennent les portraits, dûs au pinceau
de l'artiste Ouang Pënn-tche, accompagnés chacun d'une notice
historique. Citons parmi les femmes célèbres, auxquelles leur
grâce ou même leur ardeur guerrière ont valu une place dans ce
Panthéon de beauté et les éloges lyriques de tant de lettrés : Mou-
lann, qui rappelle une jolie élégie traduite par St. Julien,
Tchang-ngo, Ou-tse-t'iènn, des reines, des lettrées. etc.

Plusieurs postfaces, de 1804 et 1805 terminent l'ouvrage, remarquable au point de vue de l'art aussi bien que de l'érudition.

3o5 *bis*. Même ouvrage. Le pënn 2ᵉ manque.

3o6. Sou-ouenn. — Les Simples questions de l'empereur Houang-ti (2,600 ans avant notre ère), avec amples commentaires, par un membre du collège médical, de l'époque des Ming. Livre VIII. (Médecine, théories cosmogoniques). 1 pënn gr. in-8, fig.

3o7. Tchou-che Pa-mïng-chou tchao. — Dissertations du collège de Pa-mïng, sur des extraits des quatre Livres classiques, précédées de principes de composition ; commentaires, préface de 1793, édition de 1832. 10 pënn in-8, neufs.

Recueil estimé de dissertations philosophiques, telles que celles qui font partie des concours en Chine.

3o8. Hong-leou-mong. — Les Songes du pavillon rouge, roman moderne célèbre. *Péking*, 20 pënn in-12, en 4 t'ao, papier jaune, figures.

3o9. Kinn kou ki kouann. — Histoires curieuses modernes et anciennes. Les 6 premiers pënn, en 1 t'ao, (les deux premiers sont brochés en toile, interfoliés et annotés en anglais). In-4.

3ı0. Yeou chio kou che siunn yuann tche kiai. — Encyclopédie de la jeunesse, avec commentaires. 5 pënn in-8, nombr. fig., nouv. édition, revue et augmentée.

Comprend tout ce qu'il est le plus utile de savoir sur l'astronomie, la géographie, l'histoire, les charges publiques, civiles et militaires, les relations sociales, la parenté, le corps humain, les édifices ; l'histoire naturelle : les aliments, les vêtements ; les sectes religieuses, les professions, etc.

3ıı. Tong si yang k'ao. — Revue de l'Orient et de l'Occident ; recueil mensuel publié en chinois sous la direction de Philosinensis : 1834, les 6 premiers mois ; 1837, les 1ᵉʳ, 4ᵉ, 5ᵉ, 6ᵉ, 8ᵉ et 9ᵉ mois ; 1838, les deux premiers mois. Ensemble, 9 pënn gr. in-8, pap. blanc, carte.

Contient de nombreux articles tant sur l'histoire et les sciences de l'Europe que sur la littérature chinoise.

3ı2. Pi-che tchong-ting kouann che. — Explication et reproduction des inscriptions sur cloches, chau-

drons et ustensiles de bronze de Pi (Chang-Kong),
1797, 4 pënn in-4, papier blanc.

Cet ouvrage précieux contient en fac-simile un nombre considérable d'inscriptions des cinq premières dynasties Chia,Chang,
Tchcou, Ts'inn et Hann.

313. Li tai ti ou ang niènn piao. — Tableaux chronologiques des rois et empereurs de la Chine; édition
de 1824, 6 pënn in-4, en un t'ao, bonne impression.

Ces tableaux chronologiques furent rédigés, depuis Fou-chi
jusqu'aux Ming, par Ts'i Tchao-nann, et depuis les Ming jusqu'à l'établissement définitif des empereurs mantchous en Chine
(1644), par Youann Fou, en 1824; ils présentent un résumé très
clair de l'histoire chinoise, avec la correspondance des années
de règnes et des années du cycle, depuis la dynastie Hann.

314. Brevet, ou lettres de noblesse, conférant à l'aïeul
de *King-go-pou,* maréchal mantchou de la province
de Kirin, le titre honorifique de *Tchènn-ouëï-tsiang-
kiunn,* « maréchal fidèle et digne, » et à son aïeule le
titre de *I-pinn-fou-jènn* « grande dame du premier
rang, » en considération de la haute dignité à laquelle
a été promu leur petit-fils. Daté de la 25ᵉ année Tao-
Kouang (1845), le 15ᵉ jour de la 10ᵉ lune.

C'est à l'Académie chinoise, Hann-linn-yuann, qu'est confiée
la confection de ces brevets, que les statuts de l'Empire accordent
aux ascendants des hauts fonctionnaires jusqu'à la seconde ou
la troisième génération.
Cette pièce curieuse se compose d'un long rouleau de papier,
de 4ᵐ 60 de long sur un pied de haut, recouvert d'étoffe de soie,
brodée de diverses couleurs, dont le tissu figure des nuages et des
phénix, symboles du bonheur. Un bâton de jade sert à l'enrouler.
L'inscription, en gros caractères chinois et mantchous, d'une
écriture magistrale, est peinte en couleurs alternant avec celles
du fond soyeux. On voit au centre le double sceau impérial,
chinois et mantchou, et aux extrémités, des dragons, emblèmes
de la puissance, entourant ces mots : « Commandement souverain. »

315. Houang-tch'aotchong-ouai i-t'ong yu-t'ou ou
Ta-ts'ing-i-t'ong-yu-t'ou. — Carte générale de
l'empire chinois, avec ses dépendances. *Ou-tch'ang-
fou,* 1863. 12 pënn in-fol. de cartes et texte, papier
blanc, bel exemplaire.

Au célèbre Hou Linn-y (Hou Wënn-tchongkong), l'un des
plus habiles ministres de la dynastie tartare, vainqueur des T'aè-
p'ing dans le centre de l'empire, est due l'idée première et l'en-

treprise de cette vaste publication, continuée après sa mort, par son successeur au gouvernement du Hou-péï, Yènn Chou-Sènn.

Ce travail, exécuté avec le plus grand soin et gravé dans le palais même du gouverneur, constitue la meilleure carte de Chine, comme la plus complète, qui existe. Aussi est-elle bien connue des résidents étrangers en Chine. Les cartes de cet atlas sont basées sur les travaux des missionnaires du xviiie siècle ; toutefois, beaucoup plus riches de détails, elles sont dressées à une échelle du double environ de celle employée par D'Anville dans son atlas publié à La Haye, en 1737. Les modifications survenues dans la topographie, le changement de cours du Fleuve Jaune notamment, y ont été scrupuleusement portées. Entre toutes, les cartes des dix-huit provinces de la Chine propre sont précieuses par la quantité de détails qu'elles offrent, tant au point de vue physique qu'à celui des divisions administratives. Détail curieux : cette collection comprend toutes les cartes de la Sibérie jusqu'à l'Oural et à la mer Glaciale. On remarque aussi, comme appendices, des plans détaillés de l'île de Formose, des cartes générales de la Cochinchine, etc.

La préface de Yènn Chou-sènn, véritable historique de la cartographie en Chine, est précédée d'un autre morceau sur le même sujet par le commissaire impérial, vice-roi du Houkouang. Suivent des tables relatives à la façon dont doivent se raccorder les cartes, et enfin un rapport sur la publication de l'ouvrage et les signes conventionnels y adoptés.

316. Chinese Turkestan. Carte manuscrite du Turkestan chinois avec les longitudes et les latitudes. Deux grandes feuilles écrites au pinceau (caract. latins), sur fort papier du Japon, pliées.

317. Road map from Peking to Kiachta, by the great camel route, based on an English map chiefly taken from a Russian sketch made in 1858, with geological notes by R. Pompelly. *Péking*, 1864. 5 feuilles pliées en paravent, xylograph.

318. Tsao yang-fann chou. Foreign cookery in Chinese, with a preface and index in English. *Shanghai*, 1866. 1 pënn in-8, br.

319. Ouann-kouo kong fa. — Principes du droit international de Wheaton, traduits de l'anglais en chinois, par une commission de fonctionnaires. *Péking*, 1863, 4 pënn in-fol., cartes, pap. blanc, bel exempl. en un étui.

320. Houa-chio tch'ou kiai. — Principes de chimie inorganique de Wells, trad. en chinois. *Canton*, 1871.

2 forts pënn in-fol., fig. belle impr. xylogr., pap.
jaune.

321. Nèi k'o sinn chouo. — Nouveau traité de méde-
decine intérieure, publié en chinois, par le Dr Hobson. *Chang-hai*, 1858. 1 pënn, in-4, pap. jaune.

322. Si yi lio louënn. — Résumé de la médecine occi-
dentale, par le Dr Hobson. *Chang-hai*, 1867, un pënn
in-4, compacte. fig.

323. Tchènn kieou ta tch'ëng. — Traité complet de
l'aiguille et de l'armoise (*i. e.* de l'acuponcture), par
différents auteurs. Livre V, un pënn in-4, nombr.
fig., annotations en rouge.

324. Tchong chio. — Traité élémentaire de mécanique,
de Whewell, trad. en chinois par MM. Edkins et
Li Chènn-lann. Troisième édition. *Chang-hai.* 1867,
2 pënn in-fol., fig.

TEXTES JAPONAIS

325. Hann Yïng t'ong yong tsa houa. — Choix de
mots et de phrases d'un usage général, en chinois et
en anglais. Petit vocabulaire, par ordre de matières
par Thom. Imprimé au Japon, 1860. Tome I (seul
paru). 1 pënn in-4, avec la prononciation de l'anglais
transcrite en chinois.

326. DAI SUKE (appelé dans la préface Dr F.-B. Taiske).
JAK KEN, interpretis clavis. Dictionnaire hollandais,
japonais et chinois, avec la traduction ajoutée à la
main à l'encre rouge. *Imprimé à Miaco*, 1796. 2 vol.
in-4, maroq. vert.
Ce dictionnaire, fort rare et très important, est exécuté avec le
plus grand soin. Dans notre exemplaire, chaque feuillet de papier japonais a été monté sur fort papier Bristol.

327. MINAMOTO MASATAKA (prince de Nakatsu). — Dictionnaire japonais-hollandais et anglais, par le prince
Minamoto-Masataka. *Imprimé à Yedo*, en 1810. 5 parties en 1 vol. in-4, maroquin.
Ce volume est fort curieux, et par la date de son impression,

et par le nom de son auteur, et par le procédé employé à Yedo
pour l'impression des caractères européens qui ont été gravés,
comme le japonais, sur planches de bois. Le relieur a mis, par
erreur, sur le dos : Vol. I, bien que l'ouvrage soit complet en
ses cinq parties.

328. Ho-lann-tse-wei. Wa-lann kotoba sio. — Dictionnaire hollandais-japonais. Nouvelle édition de
1855, en 13 vol. in-4 compactes, très belle impres-
ssion.

329. Futsu yo mei yaku, (Fo yu ming yao). — Dictionnaire français-japonais, publié au Japon. 1863.
4 vol. in-4, br. à la japonaise.

Dictionnaire disposé suivant l'ordre alphabétique français.

330. Kinn che ming kia ouënn soui. — Quintessence
de la littérature japonaise contemporaine. *Yeddo*.
1875. Recueil II. 3 vol. pet. in-8, cart. à la japonaise, neufs.

Recueil varié contenant 70 morceaux littéraires classés sous
les titres suivants : Préfaces, notices, nouvelles, dissertations,
histoire, inscriptions funéraires, postfaces, miscellanea. Vingt,
lettrés japonais ont été mis à contribution pour la formation de ce
recueil. Citons quelques titres : La guitare léguée par Yong
Sinn-Kong, une promenade au ruisseau Ts'iënn-miènn, une préface à la Description avec cartes des pays maritimes, célèbre ouvrage chinois de Ouëi Yuann ; une promenade à la capitale,
etc., etc.

331. Yedo oh tatsu yo. Kiang-hou ta tsiè yong haï nèi
tsang. — Grande encyclopédie de Yeddo. *Yeddo*,
1863. 2 forts vol. in-4, de près de 500 pages. Ornés
de nombreuses figures dans le texte, de cartes, de
planch. coloriées, cart. à la japonaise.

332. Yong tai ta tsa chou ouann li ta tch'ëng. — Encyclopédie japonaise illustrée. *Yeddo*. Nouvelle édition
de 1856, un fort vol. in-4 de plus de 500 pages.,
orné d'un nombre considérable de fig. dans le texte,
cart.

333 Ouënn-tchang ki-kouann-siu-piènn. — Suite des
merveilles des compositions littéraires. Recueil de
dissertations et de notices littéraires chinoises, avec
annotations japonaises. *Yeddo*, 1876. 3 vol. in-8,
neufs, jolie impression.

334. Dai Zempitza Keijs. — Modèles de lettres en

japonais cursif, 1858. Fort vol. in-4, cart. à la japonaise.

335. Tong-king je je sinn ouënn. — Journal de Tokio. Recueil périodique, politique et littéraire. 1 fascicule, 1875. In-12, br. à la japon.

336. Ouënn tchang koui-fann kiang-kiai. — Modèles de compositions littéraires chinoises avec commentaires japonais et chinois. *Yeddo*, 1876. 6 vol. pet. in-4, neufs.

Edition et explication japonaises du Ouënn-tchang koui fann, recueil de dissertations édité par Siè Fang-to, qui vivait sous les Song; il présente quelque analogie avec le Kou-ouënn pïng-tchou, et renferme de nombreux morceaux des plus élégants prosateurs chinois, tels que Ngeou-yang Sieou, Hann Yu, Sou Tong-po, Tchou-ko Léang, Sou Lao-tsiuann, etc.

337. Fann kiuann chou mou. — Catalogue par matières, d'un nombre considérable d'ouvrages japonais en tous genres, publiés à Tokio. Troisième recueil, 1876. In-8, br. à la japon.

Contient l'indication des titres, formats, nombre de volumes, noms d'auteurs et d'éditeurs, ainsi que le pays ou la ville de ces derniers.

338. Wa kan nem piyo. Sinn tchouann nlènn piao. — Nouvelles tables chronologiques, dresées depuis l'origine jusqu'en 1863. Un vol. in-4, rel. à la japonaise, carte.

Ouvrage fort commode offrant, classés par années, les faits mémorables de l'histoire du Japon, de la Chine et de l'Europe. Chaque page est divisée en trois sections superposées, offrant, en même temps que la mention des faits historiques, la correspondance des années cycliques, des années de règnes chinois et japonais et les années de l'ère chrétienne. Une carte du monde et d'autres tableaux explicatifs précèdent ces listes comparatives, faciles à consulter et embrassant l'histoire du monde depuis Zin-mou, Fou-chi et Adam, jusqu'à nos jours.

339. CHE PA CHE LIO. — Résumé des dix-huit grandes époques de l'histoire chinoise (depuis l'origine jusqu'à la dynastie Song (XIe siècle de notre ère). Edition japonaise, avec commentaires chinois et annotations latérales japonaises. Préfaces de 1372, 1742, et 1839. *Yeddo*, 7 vol. in-4, br. à la japonaise.

340. Jë pënn che lio. Abrégé de l'histoire du Japon. *Yeddo*, 1875. 5 vol. in-8, cartonnés. Expl. neuf.

341. Koue che lio. Compendium de l'histoire nationale (du Japon). Deuxième partie. 5 vol. in-4. *Yeddo*,
1876. Belle impression en caractères chinois; annotations latérales japonaises.

342. Kouo che t'ong kiai. Explication générale de l'histoire nationale. *Yeddo*, 1876. 2 vol. in-8, cart., neufs.

Forme un vocabulaire par ordre de règnes, offrant l'explication d'un grand nombre de termes, de phrases, et de faits rap-
portés dans l'histoire japonaise.

343. Nihon gwai si. Histoire indépendante (en dehors
des écrivains officiels) du Japon, 1864. 6 vol. in-12,
br. à la japonaise.

344. Kinn che tchou kia che louënn tch'ao. Collection
de récits historiques des auteurs contemporains.
Yeddo, 1876, tomes IV. V et VI (le dernier). 3 vol.
in-8, br. à la japonaise (neufs).

345. Kouo che lio. Histoire du Japon depuis l'origine
jusqu'à nos jours. *Yeddo*, 1876. 5 vol. in-8, rel. à la
japonaise.

346. Ta-je-pënn houo-pi che ts'ann k'ao. Historique
du commerce du Japon. suivi de son état actuel et de
documents commerciaux. 1875. in-8, format et papier d'Europe.

347. Dai Ni-hon koku riyaku dzu. Cartes détaillées de
toutes les divisions du Japon. Gr. sur cuivre. Un vol.
in-12, plié en paravent. cart.

348. Description de l'état de Kafi, ou Recueil illustré de ses lieux et objets célèbres. 1851. 5 vol. in-4, ornés de très remarquables dessins, représentant les
sites les plus poétiques de cet état, ses productions,
chevaux. fruits. végétaux. etc., dessinés avec une
grande élégance.

Les seuls dessins formeraient un joli album, charmant spécimen du goût des artistes japonais. Expl. neuf.

349. Je-pënn chann hai ming vou t'ou houei. Recueil
illustré des productions remarquables des montagnes
et des mers du Japon. Préface de 1754. In-4, les
deux premiers volumes seulement, au lieu de cinq.

Ces deux volumes contiennent la métallurgie, l'industrie du

charbon, du bois, la fabrication de la couperose verte, la culture du thé, des arbres, des légumes, etc., avec de grandes figures explicatives.

350. Yang ts'ann pi-lou. Traité de l'élève des vers à soie. Nouvelle édition de 1803. 3 vol. in-4, japonais cartonnés, ornés de nombreuses et jolies gravures.

    Voir Hoffmann.

351. Tsao vou yuann yinn t'oui li ouënn ta. Dialogues sur la physique, et les causes premières de la création des choses. *Yeddo*, 1876. Les quatre premiers volumes formant la moitié de l'ouvrage. In-8. (Traduit de l'anglais).

352. Jènn chènn chëng li kiai p'eou. Cours d'anatomie, en japonais. *Yeddo*, 1875. 2 vol. pet. in-4, nombr. pl. et fig. gr. (Ouvrage complet.)

353. Fou niu sïng li i taï kiènn. Physical life of woman, by Dr G. Naphings. trad. en japonais, 1876. un vol. in-12, pap. d'Europe, portrait, cart.

354. Tsao houa mi che. Les secrets de la génération. Trad. de l'anglais en japonais. *Yeddo*, 1876. 2 vol. in-8, pl. gr.

355. Tsao houa ki louënn. Traité de la génération et du mariage. Vol. II, 1876. In-12, cart., fig., ports.

    Traduit de l'anglais en japonais.

356. Développement et illustration des préceptes des livres saints (chrétiens), en japonais. *S. l. ni d.*, papier et impression de Chine. 1 pënn, in-8.

    Ecrits protestants.

BIBLIOGRAPHIE

357. BARBIER (A.-A.). — Dictionnaire des ouvrages anonymes et pseudonymes. *Paris*, 1806. 2 vol. in-8, parch.

358. EBERT (F. A.). — Allgemeines bibliographisches lexicon; 2 parties en un vol. *Leipzig*, 1821 et 1830. in-4, demi-chagr. vert.

359. HEBENSTREIT (W.). — Dictionarium editionum

tum optimarum auctorum classicorum et græcorum et romanorum. *Vindobonæ*, 1828. In-8, cart.

360. Prétôr (Ph. de). — Tablettes géographiques pour l'intelligence des historiens et des poètes latins. *Paris*, 1755. 2 vol. in-12, v. tr. dor.

361. Catalogue des livres manuscrits et imprimés de la bibliothèque de feu M. de Bure. *Paris*, 1853. In-8, demi-toile, prix marq.

362. Catalogue des livres rares et précieux de la bibliothèque de feu M. A. B. Caillard. *Paris*, 1810. In-8, demi-rel., prix mss.

363. Catalogue des livres rares et précieux composant la bibliothèque de M. Ch. G... (Giraud). *Paris*, 1855. In-8, demi-mar. (On y a joint quelques pièces relatives à la vente.)

364. Catalogue des livres rares et précieux de feu M. Gouttard. *Paris*, 1780. In-8, v., tr. dor., prix mss.

365. Catalogue des livres choisis et bien conditionnés du cabinet de M*** (d'Hangard). *Paris*, 1789. In-8, v., prix mss.

366. Catalogue des livres manuscrits et imprimés faisant partie de la librairie de L. Potier. 1870 et 1872. 2 vol. — Catalogues des bibliothèques Desq, Ruggieri et S. Radziwill. Ens. 5 vol. in-8.

367. Catalogues de livres. etc.; entre autres ceux de L. Potier, Poncelet, sir R. Tufton, Rouard, Libri, de Lassize, Duplessis, de Laborde, de Morante, Bibliothèque du Palais Royal et de Neuilly, etc., etc. 39 vol. in-8, br.

368. Catalogue de livres, dessins, etc., composant les bibliothèques de Bure, de la Bédoyère, de Bearzi, Radziwill, Van Alstein, etc. Ens. 6 vol. in-8, br.

369. Catalogues de livres passés en ventes publiques, etc., notamment de M, J. de Chénier (prix marqués); Firmin-Didot (1810, prix); Renouard; Vaux-Praslin; Benzon; Rouard, etc., etc. Ens. 12 vol. br.

370. Ouvrages en lots.

Sous ce numéro seront vendus en lots quelques centaines de volumes de littérature.

SUPPLÉMENT.

371. Bianchi et Kieffer. Dictionnaire turc-français. Tome I, seconde édition. *Paris,* 1850, in-8, demi-maroquin vert. — Tome II, première édition, 1832, in-8, d. basane.

372. A magyar nyelv Szotàra. Dictionnaire de la langue magyare, publié par l'Académie de Buda-Pest. *Pest,* 1862-74, 6 volumes in-4, demi-maroquin.

373. Dictionnaire ehstonien-allemand, par Wiedemann. *Saint-Pétersbourg,* 1869, un fort volume in-4, broché.

374. Ahlmann. Dictionnaire suédois-finnois. *Helsingfors,* 1865, in-8, demi-maroquin.

375. Cigale. Deutsch-Slovenisches Wœrterbuch. 2 vol. in-8, cart.

376. Jamieson. Dictionary of the scottish language. *Edinburgh,* 1867, in-8, demi-maroquin.

TABLE DU CATALOGUE

Saint-Quentin. — Imp. J. Moureau.

LIBRAIRIE ERNEST LEROUX

28, RUE BONAPARTE, 28.

FONDS ESPAGNOL

(Extrait du Catalogue général)

Amador de los Rios y Villalta (Don Rodrigo). Inscripciones arabes de Sevilla, precedidas de una carta-prologo del Señor Don José Amador de los Rios. Madrid, 1875, in-8, pl. 10 fr.

Inscripciones arabes de Cordoba, precedidas de un estudio historico-critico de la Mezquita Aljama. Madrid, 1879. In-8, planches. 18 fr.

Barrantes (D. Vicente). Narraciones extremeñas. 2 volumes in-12. 5 fr.

I. La Serrana de la Vera. — San Pedro de Alcantara. — II. La imprenta en Extremadura. — Asociacion de Caceres, periodico manuscrito. — Fray Juan de Plasencia.

— Catalogo razonada y critico de los libros, memorias y papeles, impresos y manuscritos, que tratan de las provincias de Extremadura, asi tocante a su historia, religion y geografia, como a sus antiguedades, nobleza y hombres celebres. Madrid, 1865. Gr. in-8 à 2 colonnes. 7 fr. 50

— La instruccion primaria en Filipinas desde 1596 hasta 1868. In-12. 1 fr. 50

— Barros emeritenses. — Estudio sobre los restos de cerámica romana que suelen hallarse en las ruinas de Merida. Tercera impresion. Madrid, 1877. In-8, fig. 2 fr. 50

— Guerras piraticas de Filipinas contra Mindanaos y Joloanos, corregidas é illustradas. Madrid, 1878. In-8. 10 fr.

Biblioteca hispano-ultramarina.

— Aparato bibliografico para la historia de Extremadura. Madrid, 1875-79. 3 vol. in-8. 35 fr.

Ouvrage de premier ordre.

Berlanga (Manuel Rodriguez de). Los Bronces de Osuna. Malaga, 1873. Gr. in-8, avec tableaux et cinq planches en couleurs (Epuisé). 25 fr.

Cet excellent ouvrage est devenu fort rare, ainsi que les autres savantes publications du même auteur.

Boletin del Ateneo Barcelonés. Recueil trimestriel paraissant par fascicules de 104 pages in-8. Abonnement annuel. 12 fr.

Les numeros 1 et 2 ont paru. Aucun numéro ne se vend séparément.

Boletin historico, publié à Madrid. Recueil trimestriel paraissant par fascicules. In-8. Abonnement annuel.

Campos-Leyza (Et. de). Clef de l'interprétation hébraïque, ou analyse étymologique des racines de cette langue pour servir à l'histoire de l'origine et de la formation du langage. Paris, 1872. Gr. in-8   10 fr.

— Analyse étymologique des racines de la langue grecque, pour servir à l'histoire de l'origine et de la formation du langage. Paris, 1874. Gr. in-8.   10 fr.

— Analyse étymologique des racines de la langue latine, pour servir à l'histoire de l'origine et de la formation du langage. Paris, 1878. Gr. in-8.   10 fr.

Cardenas (Antonio Almagro). Estudio sobre las inscripciones arabes de Granada, y apuntes arqueologicos sobre su Madraza. Granada, 1877. Petit in-4.   10 fr.

Chil y Naranjo (D. Gregorio). Estudios historicos, climatologicos y patologicos de las islas Canarias. Las Palmas, 1876-78. Primera parte : Historia. Livraisons 1 à 59. Chaque livraison.   1 fr.

Ouvrage important avec cartes, illustrations, etc., en cours de publication.

Codera y [Zaîdin (Don Francisco). Çecas arabigo-espanolas. Madrid, 1874. In-18.   2 fr.

— Errores de varios numismáticos extranjeras al tratar de las monedas arabigo-espanolas é impugnacion. Madrid, 1874. In-8.   2 fr. 50

— Moneda arabe inédita de Al-Muthaffir de Lerida. In-18. 1 fr.

— Títulos y nombres propios en las monedas arabigo-espanolas. Madrid. 1878. In-8.   3 fr. 50

— Tratado de numismatica arabigo-espanola. Madrid, 1879. In-8, 24 planches.   18 fr.

Coleccion de Bulas, breves y otros documentos relativos a la iglesia de America y Filipinas, dispuesta, anotada e ilustrada, por el P. Francisco Javier Hernaez. Bruselas, 1879, 2 forts vol. in-4.   62 fr.

Colmeiro (D. Manuel). *Derecho administrativo espanol,* tercera edicion corregida y aumentada. 2 vol. gr. in-4.   20 fr.

— *Historia de la economia política en España.* 2 vol. gr. in-4. 25 fr.

— *Curso de derecho político, segun la historia de Leon y Castilla.* Gr. in-4,
12 fr. 5o

— *Elementos del derecho político y administrativo de España,* tercera
edicion. In-8. 5 fr.

— *Principios de economia política,* cuarta edicion. In-8. 5 fr.

— *Derecho administrativo español.* Apéndice I. Contienne la legisla-
cion hasta el dia vigente. Gr. in-4. Madrid, 188o. 6 fr.

Fita (El P. Fidel, S. J.). Restos de la declinacion céltica y celti-
bérica en algunas lapidas españolas. Madrid, 1878, in 8. 5 fr.

Hermilio Oloriz. El romancero de Navarra (primera série del
Vasco-Navarro), con un prologo de D. Manuel Valcarcel.
Pamplona, 1876, in-8. 3 fr. 5o

Roncesvalles. — Olant. — Pamplona.

Hurtado (D. José y D. Manuel Oliver). Granada y sus monu-
mentos arabes. Malaga, 1875. 1 beau volume in-8 de 624 pages
avec 3 plans. 15 fr.

Ignacio de Loyola. Cartas de San Ignacio de Loyola, fondador
de la Compañia de Jesus. Madrid, 1874-77. 3 vol. In-8, avec
portrait.

Jiménez de la Espada (D. Marcos). Andanças é Viajes de Pero
Tafur por diversas partes del mundo avidos. Madrid, 1874.
2 vol. in-18, sur papier de Hollande (Épuisé et très rare). 40 fr.

Cet ouvrage important et devenu d'une grande rareté forme le tome VIII de
la Coleccion de libros españoles raros o curiosos.

— Tercero libro de las guerras civiles del Peru, el cual se llama :
la Guerra de Quito hecho por Pedro de Cieza de Leon,
coronista de las cosas de las Indias. Tome I. Madrid, 1877,
1 beau vol. in-8. 12 fr.

Biblioteca hispano-ultramarina.

— Libro del conosçimiento de todos los reynos, tierras y señorios
que son por el mundo, de las señales y armas que han cada
tierra y señorio por sy, de los reyes y senores que los proueen,
escrito por un franciscano español a mediados del siglo xiv, y
publicado ahora por primera vez, con notas. Madrid, 1877,
1 beau vol. in-8, avec 1 planche en couleur représentant les
pavillons des diverses nations. 16 fr.

— Tres relaciones de antigüedades peruanas. Publicalas el Minis-
terio de fomento. Madrid, 1879, 1 beau vol. in-8. 18 fr.

Manterola (D. José).Cancionero Basco. Poesias en lengua euskara, reunidas en coleccion, ordenadas en séries, y acompañadas de traducciones castellanas, juicios críticos, etc. *San Sebastian*, 1877-79. Séries I et II, formant chacune 1 beau volume in-8. Chaque série. 9 fr.

La série III est en cours d'impression. Les souscripteurs sont priés d'envoyer leur adhésion sans retard.

Milà y Fontanals (Dr. D. Manuel). Compendio del Arte poética. Barcelona, 1844, in-12. 2 fr.

— De la poesía heroico-popular castellana, estudio precedido de una oracion acerca de la literatura española. Barcelona, 1874, in-8. 15 fr.

Ouvrage de premier ordre.

— Estudios de lengua catalana. — Catalan contemporaneo. Lenguaje de Barcelona. Broch. Gr. in-8. 1 fr.

Reynoso (D. Alvaro). Ensayo sobre el cultivo de la caña de azucar. Paris, 1878, in-8. 30 fr.

Robles (F. Guillen). Historia de Malaga y su provincia, con un prologo de M. Rodriguez de Berlanga. Malaga, 1874, 1 fort volume, gr. in-8 de 700 pages. 26 fr.

Excellent ouvrage.

Saavedra (D. Eduardo). Discursos leidos ante la Real Academia Española en su recepcion publia. Madrid, 1878. Gr. in-8. 3 fr. 50

Salvador Sanpere y Miquel. Origens y fonts de la nacio catalana. Barcelona, 1878. Gr. in-8, illustré. 8 fr.

— Las costumbres catalanas en tiempo de Juan I. In-8 de 300 pages. 5 fr.

Simonet (F. J.). Glosario de voces ibéricas y latinas usadas entre los mozarabes precedido de un estudio sobre el dialecto hispano-mozarabe, obra premiada en publico certamen de la Real Academia Española y publicada à sus expensas. Un vol. in-8 (*sous presse*).

Simonet y R. P. Fr. José Lerchundi. Crestomatia arabigo-española, o coleccion de fragmentos historicos, geogràficos y literarios relativos à la España arabe, seguida de un vocabulario de todos los términos contenidos en dichos fragmentos. Un beau vol. in-8 de 500 pages (*Sous presse*). 18 fr.

Tejada. (D. José Gonzalez de). Romances. Un vol. in-8, de 336 pages. 5 fr.

Ouvrage recommandé par la Real Academia Española.

SAINT-QUENTIN. — IMPRIMERIE JULES MOUREAU.

ERNEST LEROUX, ÉDITEUR
28, RUE BONAPARTE, 28

EN COURS DE PUBLICATION :

DICTIONNAIRE

FRANÇAIS-ARABE

(ARABE VULGAIRE — ARABE GRAMMATICAL)

Contenant :

1° Tous les mots de la langue française et tous les termes spéciaux aux arts, sciences, métiers, etc., avec la prononciation des mots arabes figurée en français.

2° La traduction en arabe de tous ces mots, avec les différences spéciales aux divers pays musulmans.

3° La déclinaison des noms et adjectifs, la conjugaison des verbes réguliers et irréguliers, leurs noms d'action, ainsi que les noms de temps, de lieu, etc.

4° Les différentes acceptions des mots avec de nombreux exemples, savoir : exemples d'arabe grammatical, tirés du Coran, d'Ibn-Khaldoun, d'Ibn-Batouta, d'Aboulféda, et des meilleurs auteurs arabes, exemples d'arabe parlé dans les divers pays d'Algérie, Tunisie, Maroc, du Sahara et du Levant,

PAR M. ED. GASSELIN,
chancelier du *Consulat de France*, à Mogador.

CONDITIONS DE LA SOUSCRIPTION :

Le DICTIONNAIRE FRANÇAIS-ARABE formera deux volumes grand in-4, chacun de 1,400 pages environ, divisés en 72 fascicules, à 3 fr. 75, paraissant tous les mois.

Prix de l'ouvrage complet payé moitié en souscrivant et moitié lors du 13e fascicule. . . . . 200 fr.

Prix par fascicules : 72 fascicules à 3 fr. 75. . . 270 fr.

Le fascicule Ier, *a paru le* 15 Mars 1880.